Dieses Buch gehört

Liebe Eltern,

wir wollen Ihr Kind beim Lesenlernen unterstützen, und zwar mit spannenden und lustigen Geschichten.

Unsere Bücher mit der liebenswerten Bildermaus begleiten Ihren Sohn oder Ihre Tochter durch die Vorschule. Sie enthalten kurze Geschichten mit einfachen Sätzen sowie großer und leicht lesbarer Schrift. Hauptwörter werden durch kleine Bilder ersetzt. Lesen Sie die Geschichten vor und lassen Sie Ihr Kind die Bilder selbst benennen. Am Ende finden Sie eine Bild-Wörterliste mit den einzelnen Bedeutungen. Viele bunte Illustrationen sorgen außerdem für Lesepausen und helfen, die Geschichte zu verstehen.

So wird der Spaß am Lesen geweckt, und Ihr Kind wird ganz nebenbei von der Bildermaus zum echten Leselöwen!

Ihre
Bildermaus

Ann-Katrin Heger

Haustiergeschichten

Illustriert von Alexander Bux

www.bildermaus.de

FSC
www.fsc.org
MIX
Papier aus ver-
antwortungsvollen
Quellen
FSC® C109273

ISBN 978-3-7432-0132-3
1. Auflage 2019
© 2019 Loewe Verlag GmbH, Bindlach
Illustrationen: Alexander Bux
Umschlaggestaltung: Ramona Karl
Vignetten Bildermaus: Angelika Stubner
Reihenlogo nach einem Entwurf von Angelika Stubner
Printed in EU

www.loewe-verlag.de

Inhalt

Prinz findet einen Schatz

„Los, ab nach draußen, Prinz", ruft

Clara und schlüpft in ihre .

Der kleine  hebt den  und

springt begeistert auf. Dann trottet

er brav neben Clara her – den

ganzen langen  durch den .

Denn Prinz will zur großen .

Dort kann er mit Clara

holen spielen. Neben der

sitzt eine alte  auf einer .

Sie sieht traurig aus und kramt

aufgeregt in ihrer 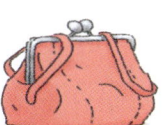. Dann

schüttelt sie den  und seufzt.

„Oh weh! Bestimmt hat die

etwas verloren oder vergessen!",

denkt Clara. Dann hebt sie ein

auf und wirft es im hohen  auf

die . Der  saust schnell

wie ein  hinter dem  her.

Dann bellt er und rennt zurück.

Doch was ist das? Prinz hat

eine  im . Er legt sie stolz

vor Claras  ab. „Pfui “,

schimpft Clara. „Das ist kein .

Das ist eine stinkige .“

Clara wirft noch einmal. Diesmal

einen dickeren , der sofort auf

die plumpst. Prinz wedelt

mit dem und flitzt los.

Als der zurückkommt, hat er

den im .

Clara streicht ihm stolz über

das  und gibt ihm ein 🍩 .

Prinz mampft zufrieden. Dann

rennt er auf die zurück.

„He, was machst du?", ruft Clara.

Der  schnüffelt.

Dann trabt er zu der alten  auf

der . Im  trägt er ein

gelbes kleines . „Da ist ja

mein verlorener ! Danke!",

ruft die . Clara lächelt: Diesmal

hat Prinz einen  gefunden!

Das Katzenbild

Max zieht eine rote   hinter

sich her. Leo, der getigerte   ,

versucht, sie zu fangen. Bekommt

er die   zu fassen, hakt er

seine   ein und rollt sich hin

und her. Dabei schleckt er die

mit seiner rauen   ab.

„Ob Leo wohl auf den  springen

kann?", fragt sich Max und zieht

die  über den  in der .

Dort sitzt Mama am  und

malt an einem  von einem .

Der  rennt der hinterher

und hopst auf den . Doch

der ist glatt. Leo schlittert mit

den  darüber und trampelt

mitten auf Mamas  .

Der  wird dunkel. „Ich glaub,

mein  hustet", ruft Mama. „Jetzt

ist das  gelöscht!" Ihre

blitzen zornig. „Oh weia", denkt

Max erschrocken. „Gleich lässt

Mama ein  los."

Schnell nimmt Max seinen

unter den  und geht in

sein . „Leo", sagt er zu

seinem , „wir müssen Mama

ein neues  malen." Max setzt

Leo auf seinen .

Neben den  und die  .

Dann nimmt er  und malt ein

buntes  darauf. Der  legt

den  schief. Dann taucht er

eine  in die blaue  und

setzt einen  neben das  .

Max nickt zufrieden und krault

Leos . Dann nimmt er das

und läuft zu Mama in die . Leo

folgt ihm. „Hier ist ein neues

für dich", sagt Max und gibt Mama

einen .

„Bitte sei nicht mehr sauer!" Mama

zeigt auf den . „Ich konnte

das  retten", sagt sie. Dann

guckt sie das bunte  und den

an und lächelt. „Aber euer

ist viel schöner als meines!"

Der Wachhamster

Endlich ist Lilli sieben. Und endlich

hat sie einen  bekommen –

Momo! Lillis   sind ganz rot,

so sehr freut sie sich. Momos

steht in Lillis . Nachts, wenn

Momo wach ist, kann der

dort durch  laufen.

Natürlich hat er auch ein  und

ein  mit weichem  .

Neben Momos  stellt Lilli

die  mit der  und

den  , die sie von Oma

bekommen hat.

„Du bist gemein wie eine ",

ruft Eric, Lillis Bruder. „Ich will

auch !" – „Nöö. Ich bin schlau

wie ein !", antwortet Lilli.

„Wenn ich die  in der

lasse, mopst du die ganze ."

Eric streckt Lilli die  heraus.

„Bäh! Du doofe !", sagt er.

Abends, bevor Lilli ins  geht,

sieht sie ihrem  zu. Er wuselt

durch die  und buddelt

im . Ihr ist ganz warm ums .

Glücklich zieht sie sich die  bis

über beide   und schläft ein.

Quiek! Lilli wacht auf. Was in

aller  ist das? Es klingt,

als würde jemand an einer

kratzen. Sie knipst ihre 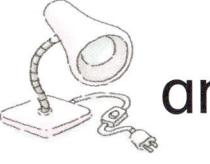 an.

Eric steht in ihrem . In

der  hält er drei . Momo

sitzt auf dem 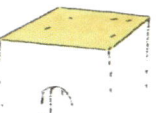 seines

und kratzt mit den  über

das . *Quiek!* „Super, dass

du  geschlagen hast", lobt

Lilli ihren . Eric legt die

wieder zurück. „Momo ist besser

als jeder  ", sagt er zerknirscht.

Lilli reicht Eric einen  und

grinst. „Hier. Falls du auf dem

in dein  hungrig wirst."

Schweinchen hüpf!

Greta spielt mit ihrem  Trude

im . Da taucht Frieda, das

von nebenan, am  auf.

„Ein ? Wer will denn schon

ein  haben?", ruft Frieda.

„Eine  ist viel toller. Die hat

nämlich weiches ."

Greta verdreht die  und krault

Trude, ihr . „So ein ",

flüstert Greta Trude ins . „Du

hast dafür ganz weiche ."

Trude wackelt mit dem

und grunzt.

Frieda geht Greta echt auf den .

„ICH will ein  haben",

antwortet Greta und verschränkt

die . „Mein  kann

über  balancieren.

Und durch einen  springen.

Genau wie im ." „Echt?",

fragt Frieda. „Das will ich mit

eigenen   sehen." Greta

öffnet die . „Komm rein zu

meinem ", reimt sie. Greta

holt ihren  und hält ihn

hoch. Trude quiekt aufgeregt und

wackelt mit den .

Dann rennt sie wie der  los.

Wie ein  springt das

durch den  und bremst mit

den   . Es staubt. Frieda klatscht

begeistert in die 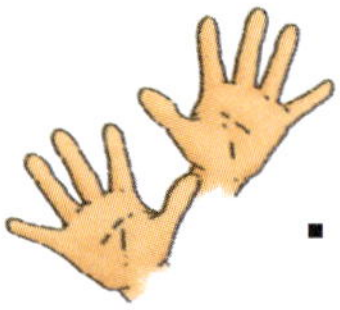 .

„Das war erste !" Danach

klettert Trude auf den  und

setzt vorsichtig  vor .

„Wie eine ", ruft Frieda.

Ihre  strahlen.

Dann geht sie zu  Trude

und streicht ihr über den  .

„Eine  ist toll", sagt sie. „Aber

ein  ist mindestens genauso

prima."

Die Wörter zu den Bildern:

 Gummistiefel

 Parkbank

 Hund

 Handtasche

 Kopf

 Bogen

 Weg

 Blitz

 Wald

 Socke

 Wiese

 Maul

 Stöckchen

 Füße

 Frau

 Spinne

 Ast

 Krallen

 Schwanz

 Zunge

 Fell

 Tisch

 Leckerli

 Küche

 Päckchen

 Computer

 Geldbeutel

 Bild

 Schatz

 Bär

 Schnur

 Pfoten

 Kater

 Tastatur

 Bildschirm

 Papier

 Hamster

 Herz

  Augen

 Farbe

 Gewitter

 Pfotenabdruck

 Arm

 Kuss

 Kinderzimmer

  Ohren

 Schreibtisch

 Käfig

 Farbkasten

 Pappröhren

 Pinsel

 Laufrad

 Häuschen

 Bettdecke

 Streu

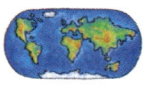 Welt

 Schüssel

 Tafel

 Schokolade

 Nachttischlampe

 Bonbons

 Hand

 Schlange

 Schokoriegel

 Fuchs

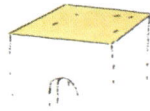 Dach

 Ziege

 Holz

 Bett

 Alarm

 Wachhund

 Baumstämme

 Schwein

 Hula-Hoop-Reifen

 Garten

 Zirkus

 Mädchen

 Gartentür

 Zaun

 Ball

 Quark

 Hufe

 Borsten

 Sahne

 Rüssel

 Seiltänzerin

 Keks

 Rücken

Ann-Katrin Heger arbeitete viele Jahre als Redakteurin in verschiedenen Kinder- und Jugendbuchverlagen, bevor sie sich als Autorin selbstständig machte. Sie lebt mit Mann, Kater, Kindern und Büchern in Fürth.

Alexander Bux, 1970 in Augsburg geboren, war als Kind leidenschaftlicher Monster- und Drachenmaler. Er hat Grafikdesign mit den Hauptfächern Illustration und Typografie studiert. Jetzt lebt er mit seiner Familie in Hamburg und illustriert mit großer Freude Kinderbücher.

Noch mehr Lesespaß!

ISBN 978-3-7855-8950-2

ISBN 978-3-7432-0135-4

ISBN 978-3-7432-0134--7

ISBN 978-3-7432-0143-9

LUKAS